길을 찾아 새벽을 간다

한우수 시집

책과나무

가슴에 내리는 시 118

길을 찾아 새벽을 간다

지은이 한우수
펴낸이 최명자

펴낸곳 책펴냄열린시
주소 (48932)부산광역시 중구 동광길 11, 203호
전화 010-4212-3648
출판등록번호 제1999-000002호
출판등록일 1991년 2월 4일

인쇄일 2023년 4월 2일
발행일 2023년 4월 5일

ⓒ한우수, 2023. Busan Korea
값 12,000원

ISBN 979-11-88048-72-4 03810

• 저자와 협의하여 인지를 붙이지 않습니다.
• 잘 못된 책은 바꿔 드립니다.
• 이 책의 내용 중 일부 또는 전부를 저자 및 출판사의 동의없이 사용하지 못합니다.

□ 자서

유년으로 돌아 간다
별과 대화하고
꽃과 입맞춤 한다
산들 바람과 어깨동무 하고
오솔길 걸으며
당산나무 그늘진 곳
노래하는 매미를 본다
가슴 깊이 간직해 온 푸른 꿈
모든 사람과
돌멩이 하나까지
서로 어울려 살고 싶다

2023년 봄
한 우 수

시인의 말…3
목차…4

제 1 부

네게로 가는 길…11
꽃잔디 길…12
아픈 이름 하나…13
이슬 담은 꽃…14
빗방울…15
봄옷…16
고층 아파트…17
카네이션 향이 쓴 편지…18
백지 앞에서…19
비 내리는 풍경…20
제비꽃과 눈 맞추다…21
안개를 걷고…22
그늘을 걷다…23
코로나바이러스…24
삭제된 메시지…26
풍등을 띄우다…28
분홍장미에 끌리다…30

달빛 그리운 배꽃…31
시간 도둑…32
강물 소리…33
잃어버린 시간…34
추억 속 사진 한 장…36
비가 전하는 말…37
바다는 얼굴을 숨긴다…38
이슬 같은 사람…39
파도 소리를 보다…40
춤추는 연필…41
해무에 기대어…42
그리운 책 향기…43
층층나무 꽃…44
가을 날개…45
변죽을 걷다…46

제 2 부

꿈을 꾸다…49
인연 따라…50
내게 오지 않는 것들…51
그림 나무…52

행간을 밟다…53

안경을 닦다…54

나를 돌아보다…56

버리며 산다…57

내 안에 나…58

불면…59

초침을 먹다…60

막차…61

나이를 먹다…62

오작교 위에서…63

팥빙수를 먹으며…64

9월 9일…65

먼 길을 가다…66

한솔 여름 휴가…67

책을 펼치고…68

갈림길 위에서…70

삼 년 만에 찾은 간절곶…72

독거…73

명선도 바닷길…74

오지 않는 새…75

잃어버린 고향…76

선물…77

치매…78

광고 속으로…79
검정 비닐봉지…80
엄마 생각…81
기다림…82
혼인 서약…83
들고양이 지붕…84
재개발…85
마음에는 반딧불이…86
열대야를 보내며…87
오륙도 등대…88
거미의 집…89
길 끝에 앉아…90

제 *3* 부

문을 닫고…93
풍장…94
폭풍주의보…95
주소 불명…96
월식…98
텅 빈 유치원…99
식당 문을 닫다…100

속 빈 대나무…101
슈처마켓을 나서며…102
지하철을 기다리며…103
국밥 한 그릇…104
그늘막…106
젖은 바닥…107
소외…108
대나무 꽃…110
잃어버린 안경…111
거울을 보고 있다…112
별을 보다…113
아파트 바겐세일…114
CEO…115
은행나무 둘레길…116
노숙인…118
눈치 없는 집시…119
눈을 맞추다…120
전기 나간 밤…122
나는 너의 햇살…123
나의 기업 사랑…124

□ 해설/생명으로 가는 길 • 강영환…126

제 *1* 부

네게로 가는 길

아네모네 꽃망울이 산들바람에 졸고 있는
정원 모서리에 앉아
비단 구름에 편지를 적어 네게로 보낸다

대문을 두드리는 바람
먼 곳을 가까운 듯 날아가는 외기러기
여윈 손으로 문을 열면
푸른 물소리가 가슴에 흐른다

한 배 가득 싣고 온 안개꽃이
뱃노래로 웅얼거리고
하얀 머리칼에 노을이 물든다

둘이 걷던 강 언덕 위에
별빛 하나 앉아 있다
눈을 감으면 내 가슴엔
구름 속에서 들려오는 맑은 종소리

꽃잔디 길

땅에 엎드려
긴 겨울 지내며
물 한 모금 없이 누워있다

숲을 오가던 새들도 말이 없고
실핏줄에 맺힌 눈물은
붉은 등뼈 따라 흐른다

봄비를 가슴에 안고
숨 가쁘게 달려온 바람이
콧잔등에 입맞춤한다

가느다란 줄기를 감싼 연두가
고개 풀어 기웃거리고
벌 나비 불러 축제를 벌인다

꽃 잔디 길 걸어가면
그대 올 것만 같다

아픈 이름 하나

보고 싶다 말하면
달맞이꽃으로 돌아올까

말 섞고 싶다 말하면
금목서 향기로 가까이 올까

그립다고 말하면
안개비로 가슴에 안길까

부르다 부르다
목에 걸린 아픈 이름

바람 잦아들 때
함께 그리움을 접는다

이슬 담은 꽃

산수유나무에 이슬이 매달린다
이슬 속 별꽃이 피어 있다

떨어질 듯한 위태로운 꽃
하늘을 머금고 핀 꽃

나비와 벌들이 모여
산수유 차 한 잔 마신다

향기 물씬 풍기는 산자락에서
꽃은 내게 어떤 말을 걸어올까

꽃향기에 젖어 든 체온을 느끼며
이슬 속 꽃길을 걷는다

빗방울

평화공원 산책길
소낙비가 발자국을 지운다
졸가시나무 속으로 몸을 숨겼다
부전나비 한 쌍도 날아 왔다

신이 만든 거대한 우산
우산속에 나비가 있고
나비 눈동자 속 내가 있다

나뭇잎 타고 빗방울이
머리 위로 떨어진다
나뭇잎 사이로 보이는 풍경
연초록 물결이 춤춘다

소낙비가 멈추었다
나비 한 쌍, 손을 잡고 날아간다
동공 속 소낙비는
아직 멈추지 않았는데

봄옷

봄비와 동행하는 아침
물방울 장단에 맞춰 뒷산에 오르니
젖은 대지가 눈을 뜬다

고드름 지고 떠나는 봄비
고개 든 새순이 푸른 숨을 토하고
직박구리 한 쌍이 목욕한다

봄은 속삭이듯 다가오는데
내 가슴에 옹이는
연초록 옷을 입을 수 있을까

삭정이 하나씩 단풍나무에 걸어 두고
봄비 따라 걸어가면
새 옷을 입을 수 있겠지

고층 아파트

구름을 뚫고 올라선 바벨탑
벌집에 사람이 갇혀 살고
거실에 사하라사막 다녀온 바람이 쉬고 있다

수평선 밝히며 달리는 어선이 말을 걸어오고
향나무 실루엣을 비추는 가로등은
아직 잠들지 못한 눈동자에 신호를 보낸다

바람이 전하는 소식을 들을 수 없다
구름이 그리는 풍경화를 매일 볼 수 없다
장산 소나무가 기침을 한다

구름 섬에 홀로 핀 바위꽃
벼랑에 난 풀과 함께 왜 사는지
제비는 초가 처마 밑에 집을 짓는다

카네이션 향이 쓴 편지

노란 잠자리
우체통을 맴돌고 있다
여름에게 편지를 보내려나

민들레, 쐐기풀을 지나
카네이션 가슴에 안긴다
온몸에 향기로 채색한다

카네이션 향기가 쓴 편지
두 날개로 우체통에 넣는다
한동안 자리를 떠나지 않는다

노을만 멍하니 바라본다
개구리가 지나가도
참새가 지나가도 꼼짝하지 않는다

늙은 호박꽃이 손짓한다
카네이션 향기를 가득 안고
서쪽 하늘로 사라진다

백지 앞에서

하얗게 내려앉은 나비가
밤새 핀 매화 가지에 살포시 앉는다
얼굴 내민 홍매화 볼이 붉다

백화가 된 가지 위에
때까치 한 쌍 새벽을 깨운다

경계 없이 펼쳐진 하얀 종이
강줄기만 갈라 세운다

오솔길도 내고
정원도 꾸미고
뛰놀던 언덕을 만들고 싶다

길가에 서 있는 자전거
버려진 냉장고
새 옷을 입고 날아갈 것 같다

발자국도 가지 않은 길
샛별 눈 뜨고
소리 없는 흔적을 남긴다

비 내리는 풍경

차에서 듣는 빗소리 숨을 쉰다
이팝나무 가지가 빗방울 움켜쥐면
떠나기 싫은 봄비가 머뭇거린다

길 양쪽으로 늘어선 의장대
참새들 행진곡 부르며
꽃다발 구름 위로 던진다

솔베이지 노래가 흘러나오니
문득, 어디론가 떠나고 싶다
끝없는 날갯짓 뒤로한 채

바람은 문을 두드리고
꽃잎들이 꽃차를 만들 때
구름 사이로 빛이 내린다

차창을 열고
이팝꽃향기 가득 실어
지평선에게 달려간다

제비꽃과 눈 맞추다

콘크리트 바닥 틈에 핀 제비꽃
추위 속에 한껏 보랏빛 두르고
봄을 일으켜 세우고 있다

제비는 돌아오지 않아도
이슬에 젖으며 꽃 피우는 모습에
허리 굽혀 눈 맞추고 싶다

발자국 오가는 나직한 곳에서
소리 없이 곁에 머물며 손짓하지만
눈길 주지 않고 지나쳤던 발길 되돌리고 싶다

꽃을 보기만 해도 가슴이 뛴다
바람불어 꽃잎들이 부르는 노래 들으니
눈에 작은 샘물이 흐른다

안개를 걷고

아침 산책 앞두고 창을 여니
산도 바다도 누군가가 떠갔다
안개를 보면 가끔
구름 사이로 페달을 밟고
등교하던 십리 길이 생각난다

붉은빛 길 위로
솔가리가 흩날리고
솔 향기 은은하게 풍긴다
안개가 숲을 부드럽게 감싸고
산새들 나팔 불며 아침 깨우니
고라니 한 쌍 지나 간다

감춰졌던 나무들이 보인다
풀숲 혼자 시드는 인동덩굴
바람에 어깨를 다친 풀잎들
거미줄에 맺힌 이슬방울 속에
웃고 있는 그대 모습 보인다

안개는 금세 걷히는데
가슴속 안개는 사라지지 않는다

그늘을 걷다

쏟아지는 햇살 아래
산새 노래 들으며
바람은 비밀한 숲길을 걷는다
햇빛이 맑을수록 그림자는 더 푸르고
계곡물 따라간 나뭇잎이 강에 도달한다

나무 그늘에 들어설 때마다
절로 만들어진 빈터가 아님을 느낀다
산수유 피고 팔색조가 돌아 오면
동백숲 그늘도 깊어진다

나는 누구에게 그늘이 되어 줄까

한여름 그늘이 쉼터를 선사하듯
흙과 물과 바람과 숲이 쉬어갈 수 있도록
그늘을 만들고 싶다
당신이 쉬어갈 한 자락 빈터를

코로나바이러스

금정산 산수유 눈 뜨는 날
노랑나비도 마스크하고
할미꽃도 마스크 한다
강아지가 고개를 갸우뚱한다

코로나
에볼라, 메르스도 도망간다
바람도 멈추고
구름도 멈추었다

처마 끝에 달린 고드름에
노란 산수유꽃이 피어 있다
한여름 해운대 바닷가
함박눈이 내린다

키싱구라미도
잉꼬 새 부부도 대화가 없다
거리엔 개미 한 마리
딱정벌레 한 마리도 지나가지 않는다

출구 없는 감옥에서

무기수가 되어 독방에 있다
언제 풀려날지 모른다
비둘기 서쪽 하늘로 날아간다

삭제된 메시지

안개 고요한 아침
해운대 백사장
검은 머리 갈매기 한 쌍이
메밀꽃 핀 바닷가를
손잡고 비행한다

맨발로 둘이 걷던 그 길
변함이 없는데
지금 홀로 걷고 있다
철석이는 파도 소리
귀 기울이니
네 목소리 들린다

모래에 주저앉아
그때 전하지 못한 숨결들을
황금종에 적어본다
파도 소리와 발자국을 털고
자리에서 일어나
다시 그 길을 걷는다

파도가 밀려와

네게 보낼 메시지
순식간에 사라진다
사연 담은 메시지는
멀리 온 파도를 타고
네게 전달되겠지

목화솜 덮인 수평선에
뜬구름이 얼굴 붉힌다

풍등을 띄우다

그대에게 가는 길을 묻기 위해
불 꺼진 하늘로 편지를 띄운다
가족 연인 친구들
함성에 맞추어 힘차게 솟구친다

폭풍과 폭우를 견디며
무사히 갈 수 있을는지
하늘에는 별꽃
땅에는 불꽃이 피어 났다

어디로 갈 것인가
찾아가야 할 주소가 없어
이곳에 머물고 싶다

불빛 높은 건물에 가로막혀
뛰어내리고 싶었으나
바람이 허락하지 않는다

나는 알지 못한다
바람 가는 길로 갈 수 없음을
바람이 이끄는 대로 몸을 맡긴다

〉
아침 햇살 반짝이는 게르 안마당
타오르던 심장에 불을 끄고
자란초 핀 초원에 살며시 내린다

분홍장미에 끌리다

달빛은 장미길을 걷는다
담장 넘어 수군거리는 얼굴들
분홍장미 한 송이 머리에 꽂으니
별이 노래하고 반딧불이 춤춘다

고양이가 아기 울음소리를 내니
산들바람이 달빛을 깔았다
손바닥에 눈물이 솟아나고
장미 향기에 취한 발이 길을 버렸다
구름은 달빛을 가리고
고양이 울음소리 멈춘다

가시에 찔린 분홍장미 한 송이
화병에 꽂고
마실 물을 채운다

달빛 그리운 배꽃

나뭇잎이 끌고 가는 낮은 햇살은
가을 보내려 안간힘 쓰고
아직 남은 체온이 아쉬운지
잎새는 손을 놓지 못한다

시월 보름날이면
문득 생각나는 배나무 한 그루
잊힌 기억들 꿈틀거리고
달빛 그리운 꽃잎이다
멀리 떠났지만
숨소리 들려오고
가슴으로 빛을 보고
눈으로 느낀다

지나온 길이
찰나와 같이 느껴질 때
꽃잎 떨어진 자리 비워두고
하늘을 쳐다본다
보름달 속에
노래하며 미소짓고 있는
배꽃이 얼굴 내민다

시간 도둑

핸드폰과 손잡고
은하수가 들려주는 반주에 맞추어
노래와 춤춘다
늙은 여류 작가도 만나보고
젊은 낭송가 시 낭송도 들어본다

경주 보문호
2인용 자전거 타고 호숫길 따라
벚꽃들이 눈 뿌리며 행진곡 불려주던 곳이다

붉게 물들어가는 일몰은
새하얀 구름도 불태우고
호수에 비친 반영은 눈부셨다
그대가 껴안은 온기가
아직도 가슴에 남아 있다

새벽 3시
눈은 토끼가 되고
귀속은 매미가 울어댄다

꿈속에서 그대를 만나야 할 시간

강물 소리

강물은 대답하지 않는다
붉은 비단옷을 입은 여인들
물푸레나무에 곱게 앉아 있다
발끝으로 다가오는 어스름
호루라기 소리 따라
바람에 뛰어내렸다
미소 띤 물결에 몸을 맡기고
윤슬을 따라간다
숱한 사연을 간직한 다리
이끼가 쌓아 올린 강둑길
바람난 바람이 가슴에 안긴다
잊히지 않을 것 같은 이 순간
노을이 하늘을 삼킨다
힘들게 돌아온 시침을
둔치에 걸어 두고 눈을 감으니
가슴에 쌓이는 소리가 들린다
강물이 내게 속삭인다

잃어버린 시간

사람 이 무섭다
지하철에서 누군가 다가오면
나도 모르게 엽낭게가 된다

바깥 공기 무섭다
바이러스 식구와 숨바꼭질을 위해
공기청정기 입에 물고 산다

문자 도착이 무섭다
확진자와 접촉했다는 알림은
유기수되어 감금된다

혼밥이 무섭다
투명칸막이를 치고
반찬과 대화를 나눈다

비어있는 거리가 무섭다
문 닫은 상점만 늘어나고
임대 광고만 걸어 다닌다

손잡기가 무섭다

소주 한잔 돌려가며 마시고
반가운 친구 체온을 느끼고 싶다

다가올 시간과 함께할 장소가 도망쳤다

추억 속 사진 한 장

고갯길 나란히 걸으며
동행을 카메라에 담는다
사진 찍기 위해 놓은 손
너는 혼자 길을 가고 있다
지나온 고갯길 돌아보면
식어버린 따뜻한 손
선글라스 속에 희미하게 반사된
창백한 얼굴이 보인다

검은 머릿결
땀에 젖은 코
살짝 웃고 있는 입술
가슴에 머물러 있는 말
간직하고 싶어 너를 찍은 사진
빛바랜 앨범 속에서
혼자 웃고 있다

비가 전하는 말

빗방울이 창문을 두드려
밖을 내다보니
그대 보이지 않고
불꺼진 가로등이
쏟아져 내리는 비를 맞고
구부정히 서 있다

산안개가 머리를 풀고
하산하는 밤, 홀로
빗줄기를 바라보며
가슴을 연다

불쑥 그대가 올 것만 같아
포도주를 마련했지만
끝내 오지 않아
빗방울과 잔을 마주쳤다

빗방울이 창문을 두드린다
문을 여니
빗속을 뛰어와 가슴에 안기는
내 안에 안개

바다는 얼굴을 숨긴다

새벽 햇살 머금은 해운대 백사장
갈매기와 함께 걷는다
두 눈에 차오르는 수평선
발자국에 파도가 칩거한다

속이 아픈지
파도가 칠 때마다
페트병을 두드린다

밤바다는 어떨까
뒤집힌 얼굴
별을 품은 얼굴
바람 타는 얼굴

물고기들 휘파람 소리
춤추는 해초를 손잡고
푸른 바다에 살고 싶다

이슬 같은 사람

풀잎 꺾일까 뒤꿈치 들고 앉아
스치는 바람에 윙크하며
목욕하는 아침 햇살

흰여우 유혹에도 흔들리지 않고
제 갈 길 반짝이며
하늘로 가슴을 열고 사는 호수

푸른 낙엽 지나가는 벌판에서
하얀 몸을 추스르며
가볍게 사는 사슴 같은 민들레

오색단풍 옷을 입지 않아도
푸른 미소로 살아가는
수국을 만나고 싶다

파도 소리를 보다

발이 파도를 일으킨다
너울이 밀려온다
하얀 포말이 발을 씻겨준다

입이 파도를 일으킨다
바람이 볼을 때린다
이안류에 밀려간다

손이 파도를 일으킨다
자갈들이 노래를 부른다
바위틈에 안개꽃이 피어난다

가슴이 파도를 일으킨다
물거품이 모래밭을 덮는다
백합 숨소리가 바다를 깨운다

춤추는 연필

향나무가 목마르다 종이 위에서
가락에 맞추어 춤을 풀어낸다
춤은 잡초를 붙들어 맨다
소낙비에 어깨를 다친 잡초
비닐봉지가 별을 가린다
강아지풀이 등을 어루만지니
가슴에 기대어 잠든다
부엉이 소리에 놀란 바람이
비닐봉지를 휴지통에 버린다
밤새워 지켜보던 이슬이
입맞춤하고 사라진다
춤추는 것은 향나무다

해무에 기대어

모두 잠든 해운대 새벽
해무가 백사장을 덮고
장산이 하늘을 품었다

오륙도 방패섬
이기대 갈맷길도
바다 입김으로 덮였다
이곳이
아파트가 머무는 공간인지
알 수 없이 부드럽다

희미한 외등만이
놀란 고양이 눈을 뜨고
쥐를 찾는다
사람 그림자는 보이지 않고
새벽을 깨우는 파도 소리
흰눈썹황금새가 노래한다

새벽에 일어난 자만이
안개 속을 들여다 본다

그리운 책 향기

보수동 책방골목
붙들고 싶은 책에는 내가 남아 있다
좁은 골목 안
서로 얼굴 맞댄 서점들이
향기를 나눈다

피난 시절
읽고 싶었던 이야기를
책방에 하소연했다

새로운 책들이 쏟아지는 때
가끔 묵은 책이 생각나고
따뜻한 눈이 그리울 때도 있다
가게 앞에 앉아 있는 헌책
묵은 먼지와 오랜 때를 털어내고
재혼할 손길을 기다리고 있다

스마트폰에 내장된 책을 던지고
향기 나는 책장을 넘기고 싶어
보수동 책방골목을 찾는다

층층나무 꽃

앞산 초입에 자리 잡은 층층나무
하얀 작은 꽃들이 한 곳에 모여
눈 덮인 마을을 만들었다

배산임수 명당에
층층이 둥근 집 지어
층간 소음도 일조량 다툼도 없다

외벽은 연초록으로 칠하고
내벽은 하얗게 도배했다

눈 덮인 마을에 잔치가 한창이다
새들 취향에 맞춘 상차림
연녹, 붉은 연노랑
붉은 자주, 검정색으로 차렸다

마을 둘러싸고 있는
하얀 꽃길을 따라
직박구리 한 쌍 둥지를 튼다

가을 날개

가을이 날개를 단다

노랑 저고리 입은 처녀들
붉은 가지에 걸터앉아
푸른 숨소리를 기다린다

바람난 총각
입김으로 은행나무 두드리니
나비 한 마리 달려와
노란 가슴에 안긴다

떼 지어 앉아 있는 밀어들
지나는 소슬바람에 달려와
노래 부르며 바차타* 춘다
은빛 머릿결로 달려오는 억새

가을이 춤을 푼다

---

*바차타 : 도미니카 공화국에서 유래한 전통음악의 이름이며 커풀 춤 종류 중 하나이다.

변죽을 걷다

꽃은 빠름보다 느림이 좋다

가슴속 깊이 단풍이 들고
구절초에 앉아 햇볕을 쬐는 범나비
내 곁에서 뛰놀고 있는 박새
암사마귀가 수컷을 업고 간다

떡갈나무 옆 머루에
아홉 송이 열매가 먹물로 그려져 있고
그 아래, 붉은 망게 다섯 개와 푸른 망게 두 개가
노란 잎 위에 서성이고 있다

망게 잎에 붉은 점 하나 찍어주고
산들바람과 손잡고
머루 한 알과 입맞춤하며
무성한 나무 그늘을 빠르게 걷는다

단풍은 느림보다 빠름이 좋다

제 2 부

꿈을 꾸다

꿈을 꾼다
가슴 깊이 간직해 온 푸른 꿈
모든 사람과
돌멩이 하나까지
서로 어울려 살고 싶다

민족은 서로 나누어져
지구촌에 전쟁이 터지고
집도 나라도 없이
떠도는 난민들
어린 꽃들이 피지 못한 채 진다

산과 강이 파괴되어
바닷물이 도시를 달리고
초대하지 않은 바이러스가
말을 앗아 간다

누가 꾸었던 꿈이길래
이리도 끔찍한 걸까

다시 꿈을 꾼다

인연 따라

동해 돌고래가 나비 따라 숲에 왔다

숲속에는
하나에 하나를 더하니 셋이다
곧은 길보다 오솔길을
전투기보다 종이비행기를 찾아간다

숲이 좋다며 샘물을 마시고
나목보다 활엽을 좋아한다

산호초 정원에서
함께하는 물고기는 볼 수 없지만
당산나무 그늘진 곳
노래하는 매미들이 있다

나는 유년으로 돌아간다
별과 대화를 하고
들꽃과 손잡고 걸어간다

하나에다 하나를 더하니
다섯이다

내게 오지 않는 것들

발자국 없는 단풍나무 길
헤치고 간다

아직 보지 못한 산정은
어떤 모습일까

숲그늘에 모인 다람쥐들
도토리만 볼에 채우고 있다

지금 오르지 않으면
일출을 만날 수 없다

여치 노래 듣지 않고
부지런한 발 디뎌야겠다

내 황금들녘 사이 길은
아직은 멀리 있다

그림 나무

내 안에 나무가 있다
푸른 밤이슬 먹으며
웃음 속에 꽃을 피운다

휘파람새들 모여
구름 꽃 아기 보며
솜털과 향기를 전한다

빛이 사는 숲속에는
기대어 쉴 그늘이 있고
풀 아래 노래하는 샘물도 있다

샘물과 오솔길 동행하니
보이지 않던 하늘이 보이고
나무 그늘이 나를 감싼다

별을 감춰버린 구름을 헤치고
내 가슴 넓은 우주에
한 그루 푸른 나무가 산다

행간을 밟다

다육 홍매화
일광욕을 즐기며
얼굴이 붉게 물들었다

들어도 들리지 않고
보아도 보이지 않고
맡아도 맡을 수 없다

나는 낯선 길에 서서
눈 속에 핀 매화가
붉은 얼굴 내미는 걸 본다

잔설이 골짜기 걷는 소리 들리고
열목어가 꼬리치는 모습이 보인다
온실 속 향기 코끝에 맴돈다

머리는 하늘이고
가슴은 호수다
그 사이 내 발자국을 찾았다

안경을 닦다

내 눈은 어떤 색인가

초록색
푸른색
갈색

내가 보이지 않는다

창을 여니
바람이 들어오고
가슴을 여니
보이지 않던 흰색이 보인다

아침에
나팔꽃이 잠을 깨우고

한낮
고목에 능소화가 다니러 왔다

저녁엔
분꽃이 얼굴을 내밀고

〉
밤에는
달맞이꽃이 달 보고 눈짓한다

당신 눈은 어떤 색인가

나를 돌아보다

연초록으로 부드럽게 물든 봄날
빌딩 숲을 빠져나와
땀방울이 백양산을 오른다
애기나리 잎이 환호하고
산들바람이 길을 연다
산 중턱 바위에 앉아
낙동강을 눈으로 마신다
자동차 경적 멀리하고
계곡물 흐르는 소리 들으며
산의 고요와 마주 앉는다

샛길이 보인다
숲속을 가슴으로 걸으며
바위틈에 땀방울을 심는다
머잖아 이곳에 들꽃 들이
환한 얼굴을 내밀겠지
눈을 감으니
맑은 기운이 깊은 곳에서
온몸을 천천히 감싼다
가슴 한구석에 남은 그늘
솟아오르는 빛에 사라진다

버리며 산다

손에 든 게 많다

예부터 쓰던 만년필
여행가서 사 온 기념품
거실 주인이 되어버린 운동기구들

거동을 간섭받고 있다
이젠
하나씩 출가시킨다

가슴에 쌓인 응어리도
강물에 띄워 보낸다

아끼던 것들 보내고 나니
눈이 맑아지고
보이지 않던 풍경이 보인다

거울 속으로 들어가
또 다른 나를 본다

난 가진 게 없다

내 안에 나

하회마을 소년이
가슴 가장자리에 앉아
누리 달을 보며
아리랑을 부른다

가슴에 사는 그늘
형체도
색깔도
냄새도 없다

풀빛 눈과 불꽃 입술도
찾아갈 수 없고
다가오지도 않는다

빛이 머물 자리를 찾아
끝간데 모르는 숲길을
맨발로 걸어간다

가슴에 흐르는 강물
바람은 아리랑 고개를 넘었다
햇살이 이마를 적신다

불면

봄바람 앞에서는 창을 닫을 수 없다
뜰앞 배꽃은 달빛 샤워 즐기고

빛나는 당신 눈동자는
나를 감전시키다 못해
불타는 입술은
내 가슴에 불을 지른다

정원 가장자리 차지한 남천
빨간 풍선 들고 서 있다

십 년 전
간절곶 소망 우체통에 넣은 편지
이제 답신이 왔나 보다

붉게 물든 창가에 기댄 바람이
편지에 놀라
귓불에 앉아 속삭인다

'출근 시간 넘었다'

초침을 먹다

먼 길 홀로 가는 초침 소리에
눈이 감기지 않는 밤
적소를 달리는 말발굽 소리로 들린다
한 걸음씩 다가오면서도 닿지 않는 발

벽에 기대어 잠든 날개 잃은 부엉이
초침 저 혼자 깨어
고요를 훔쳐 먹는다

밤을 지나면 낮을 불러 오고
낮을 지나면 달빛이 온다
초침이 살아 숨 쉬는 이유다

고요가 손짓한다
음성 메시지는 싫다고
문자 메시지로 바꾸었다
적소에 말이 달린다

막차

성미 급한 막차에 오르기 위해
나는 숨이 차다
끝내 기다려준 SRT
기대치 속도로 달린다
저 멀리 명멸하는 불빛들
텅 빈 시간 속으로 몸을 지워간다
안락의자 뒤안에 버리고
내를 건너 고개를 넘어가야겠다
밤이 길을 보낸다
어둠 밖에도 쉬운 것 하나도 없다
달려온 길 끝에서
메타버스를 환승할 수 있다면
나는 숨이 차다

나이를 먹다

몸은 가을이고
가슴은 봄이다

금정산 고당봉을 좋아했는데
회동 수원지 둘레길이 더 좋다

기름진 돼지갈비를 좋아했는데
청국장이 숲길 같이 좋다

유채꽃도 예쁘지만
구절초도 매력 넘친다

해운대 일출도 발돋움시키지만
을숙도 석양도 돌아 보게한다

코스모스 길
벚꽃에 벌과 나비가 모여들고
묵향 나는 여인들이 모인다

울면서 태어났지만
웃으면서 눈 감고 싶다

오작교 위에서

태화강 십리 대숲
어스름 지는 하늘에
떼까마귀 군무를 이루고
가창오리 가족들 노래 부르며
낮아지는 노을에 안긴다

어릴 적 하늘을 보면
쉽게 만나지던 은하수
지금은 캄캄한 불빛 속이다

십리 대밭에 은하수길 열리고
은하수 위로 차가 달린다
하늘엔 견우와 직녀
다리 위에 바람과 이슬
어두운 강변에 들꽃이 핀다

가창오리 무리가
춘향가를 부르며 춤추고
오작교 일렁이는 불빛에
웃고 있는 그대 모습
은하수 별빛이 다리와 다리를 묶는다

팥빙수를 먹으며

마른 호수에 함박눈이 내린다
눈꽃 속에 핀 바위꽃
초콜릿 그림을 그린다

그림 그리기를 좋아했던 당신
눈 속 풍경화를 보며
눈빛이 사슴 한 마리였지

창밖 매미 합창에 묻어
폰에 담아온 손주 얘기로
눈빛에 닦여 흰머리 되었구나

입안이 얼어붙어서인가
말도 어둔해지고
지하 몇 층에 주차했지

9월 9일

푸른 별 하나가
물결치는 단풍잎과 만나는 구월
금정산 기슭에 내려왔다

하트 구름이 눈웃음을 보내고
달빛이 내어 주는 길 따라
별을 타고 집으로 간다

하늘에서 가져온 웃음 감추고
꿈을 쥔 손을 펴 흔들며
별이 내게로 온 날

너는 어찌 내게 왔느냐
절로 입가에 함박꽃이 피고
눈동자에 네 엄마가 보인다

너는 나에게
계급을 높여 준 선물이다
할아버지

먼 길을 가다

태평양 건너오는 아기 웃음소리
안개 정원에 태양이 얼굴 내밀고
소식 담은 이슬이 풀잎에 굴러왔다

동영상으로 만나는 '우주'
잡힐 듯 잡히지 않는 손
초승달 미소가 할배를 끌어간다

내가 담기는 눈망울
가벼운 깃털을 달고
날아서 물 건너오렴

네가 못 오는 날이면
네 눈에 담기고 싶어
뉴욕으로 날아간다

내 볼에 뺨 비비며
보지 않아도
너를 느낄 수 있다

한솔 여름 휴가

개여울에 별빛이 목욕하는 날
침대 바위에 누워 별들과 속삭인다
눈 감으니 가슴에 흐르는 푸른 물소리
네 눈빛에 지나온 길이 보인다

윤산 기슭에 심은 소나무 한 그루
거센 비바람에도 뽑히지 않고
솔씨 되어
바다를 건너 뿌리를 내리고
솔가지에 웃음소리가 걸린다

달빛이 구름에 가려
주름진 네 이마는 보이지 않지만
목소리로 너를 볼 수 있다

흐르는 구름에 눈물 씻고
늘어진 가지 위에
열두 개 별이 불을 밝힌다

책을 펼치고

오래 침묵을 지키던 책들
햇살과 별빛이 그리워
책상 속을 떠났다

창백한 얼굴에
살구빛 화장을 하고
달과 태양도 그려본다

책은 눈 속에 넣고
향기는 가슴에 품고
자화상 숨소리를 듣는다

숨결이 깃든 행간에
손끝에서 피어나는 물망초가 있고
가슴 적시는 강물이 흐른다

태풍이 몰고 오는 비바람 맞으며
젖은 땅에 뿌리내려
몸을 푸르게 살찌우고 싶다

외출한 책은 어둠 속에서

별빛 모아 길을 내고
눈을 맑히고 있다

책은 강물 속에 풍덩 빠져
하늘과 친해지고 싶다

갈림길 위에서

서리 내리고
길을 업은 낙엽이 간다
나뭇잎 탄 바람이 강을 건너고
솔방울로 멀리 공 던지기하던
해맑은 유년이 그립다

하늘도 보이지 않는 숲
나무 사이를 헤집고
성묘 가던 길

맴돌던 고추잠자리도
점프하던 메뚜기도
싸리버섯도 모두 떠났다
무슨 일이 일어났는지

고조부 산소
마지막 성묘를 마치고
도토리를 공중으로 던지며
'이제 벌초해 줄 후손이 오지 않는다'고

집안에 크고 작은 행사들도

사라져 간다
제사, 성묘
우리 나이는 부모님 모시는
마지막 세대다

안개 깔린 천성산이
멀리서 등을 떠민다

삼 년 만에 찾은 간절곶

해를 품고 있는 간절곶
울창한 해송과 구릉진 잔디밭
어린 시절 자주 소풍 가던 곳이다
야트막한 구름 위에 서 있는 등대
간절히 누구를 기다리는지
수평선만 닳도록 바라본다

괭이갈매기들이 추는 춤에 맞추어
파도가 업고 온 하얀 안개꽃
바닷가 바위틈서리 마다 피어난다
그대에게 보낼 편지를 써서
소망 우체통에 넣는다
밀려 가는 파도가 뒤돌아보며
자갈돌에게 시낭송을 들려준다

파도를 굴리는 노래와
윤슬 흔들리게 하는 시 낭송에
가슴 울리는 밀어를 귀에 담으며
눈에 익은 수평선에다
벽에 갇혀 좁아든 눈을 건다

독거

나뭇잎 노랗게 불타고
유리창에 부딪히는 빗소리
가을 색을 끌어들인다

강물이 어디로 나를 데려갈지
어떤 옷을 마련해야 할지
그것을 찾고 있다

재두루미 걷는 저물녘 강물
홀로 따라 걸으며
바람을 붙들려 한다

윤슬은 발등을 간지럽힌다
눈 감으면 가슴에 흐르는 물소리
노을 따라 걸어간다

홀로 가는 길
이웃이 있기에 멀리간다
노을속 나를 찾는다

명선도 바닷길

길게 늘어선 몽돌길 걷노라면
파도가 밀려와 건반을 두드리고
괭이갈매기 빛 속에서 춤춘다

파도와 회야강물이 만든 바닷길이
뭍으로 명선도를 끌어왔다
누굴 위해 바닷길을 열었는가?

멀리서 바라만 보던 섬으로
신발 들고 바닷길을 달렸다
길가 파도꽃들이 손을 흔든다

어부들이 뱃길을 만들고
파도는 바닷길을 다시 만들어
삼사월 정오에서 4시 사이
파도가 백사장에 길을 내주었다

강 건너 강양에서 명선도를 잇는
세 번째 바닷길을 걷고 싶다
'바닷길이 세 번 열리면 통일이 된다'는데…
통일을 걷고 싶다

오지 않는 새

소나무에 하얀 꽃이 피고
산들바람에 춤추는 황새들
물안개 깔린 연못에 내려와
물고기와 입맞춤하는 모습을
언덕 뒤에 숨어 보았다

황새 놀이터였던 황새못[*]
꽃은 보이지 않고
부레옥잠과 마름 사이로
페트병들이 흔들리고 있다

미꾸라지, 우렁이 돌아 오면
소나무에도 꽃이 피려나

꽃그림자도 없다
내 눈뜬 슬픈 못이여
소나무에 꽃이 피고
물고기와 숨바꼭질하는 모습 보고 싶다

* 울산광역시 울주군 온산읍 하회마을 저수지

잃어버린 고향

운문호 둘레길에 차를 대고
빗방울 흐르는 차창으로
물 아래 초가집을 본다

집에 가는 길이 멀다
집은 보이는데 갈 수 없고
물이 길을 품고 산다

물속 굴뚝에 연기 오르고
된장국 끓이는 손이 뼛속에 스민다
장독대 영산홍이 푸르게 피었다

호수에 머리 감는 버드나무
구름도 잠시 누웠다 가고
꽃잎도 바람과 함께 사라진다

옆에 앉은 늙은 강아지
눈 꿈쩍이며 물빛을 본다
잃어버린 팽이를 찾을 수 있으려나

선물

아버지 하늘로 가신 후
빈집은 고양이 놀이터가 되었다
소중하게 간직한 소품들
판정에 따라 하나둘
천당과 지옥으로 갈라진다
양은 도시락은 어디로 보내야 할까

유년 시절 등에 메고 다니던
소리 내던 밥통이다
한 소년이 나타났다
겨울바람과 싸우기 위해
구운 돌멩이 주머니에 넣고
입김 뿜어내며 교실을 향해 달린다
난로 위에 도시락 탑을 쌓고
고추장과 반찬을 넣고 환호한다
주문하지 않은 비빔밥이
허기를 때운다

지옥으로 보내기 전
뚜껑을 열어보았다
세종대왕이 웃고 있다

치매

애야
밥 먹었니
네
먹었습니다

애야
밥 먹었니
네
먹었습니다

돌아서서
다시 대답을 준비한다

애야
밥 먹었니
네
먹었습니다

광고 속으로

아버지 산소에
머리 푼 잡풀이 자라
단정한 지붕을 만들고 싶다

소파에 앉아 TV를 켜는 순간
가볍고 위험하지 않은
무선충전식 예초기 광고다

쇼핑 호스트가
"3분 남았습니다
곧 매진됩니다
지금 기회를 놓치면…"
초침 소리가 즉각 즉각 돌아간다

신용카드를 꺼내 들고
갈매기가 손바닥 새우깡 가로채 가듯
빠르게 주문한다

벌초를 시작한다
십 분의 일도 깎지 못한 채
소태 씹은 맛으로 돌아왔다

검정 비닐봉지

가슴 속에는 무엇이 있는지
떨리는 손으로 옷고름을 푼다
하얀 종아리 소녀가 앉아 있고
곱슬머리 소년이 웃고 있다
그대 넉넉한 향기도 담겨 있다

심장 속에는 무엇이 있는지
입술에 문 옷고름을 잡아당긴다
하얀 기저귀가 움츠려 앉아 있고
일회용 음식물들이 만취되어 있다
그대 깊은 한숨도 담겨 있다

혈관 속에는 무엇이 있는지
옷고름을 잡고 풀지 않아도
그대 날고 싶은 날개가 있다

엄마 생각

엄마는 내 유년에 무지개였다
된장 냄새 차에 싣고 온산으로 달려간다
창을 때리는 소낙비가 미간을 타고 내린다

구순 엄마는 세 살로 내게 오고
나는 엄마에게 가서 엄마가 된다
등에 업고 노치원에 보내고
동영상 보며 잘 노는지 확인한다
휠체어 타고 한쪽 구석에서
장단 맞추어 손뼉 치며 옹알거린다

고소한 참기름 냄새가
문틈으로 스며든다
첫 부추로 만든 밥상이 차려져 있다
엄마였던 엄마를 나는 안다

기다림

가고 싶어도 갈 수 없는 문
보고 싶어도 볼 수 없는 창
기울어진 햇살이 얼굴을 때린다

귀는 전화기를 거부하고
코는 냄새로 마비되어
노을 진 하늘을 바라본다

그는 아기가 되었다
엄마 젖가슴 대신
코로 차가운 분유를 먹는다

생일 선물로 받은 밍크코트
가슴에 품고 다니던 불경
북항이 보이는 아늑한 집

이제, 가느다란 몸으로
어두운 침대에 홀로 누워
노을이 끌고 오는 밤을 기다리고 있다

혼인 서약

총성이 가까운 성당에서 결혼식을 올렸다
꽃다발 대신 총과 칼을 건네받았고
신혼여행지는 전장이다

따스한 그대 체온
사슴 같은 눈동자
네가 내 곁에 있어
나는 잠들지 못한다

안개가 포근히 안아주고
아침 햇살이 눈물을 닦아준다
깨어진 창문 사이로 들려오는 포성
멈춰주기를 손잡고 기도한다

그대를 위하여
조국을 위하여
평화를 위하여

이제 떠나야 할 시간
돌아올 약속을
지킬 수 있을지

들고양이 지붕

고양이가 배불러 친정 왔다
해산 장소를 찾는다
어미가 태어나고
자신이 태어난 곳을 찾고 있지만
바람에 쓸려갔다
힘내라고
가자미 쑥국을 대접한다
눈짓하고 담장 넘어갔다
쿵! 소리가 났다
가자미 한 꾸러미가 사라졌다
불을 켜고 불려보았으나
대답하지 않는다
장독대에 하얀 그림자가 있어
가보니 가자미였다
가자미 쑥국까지 주었는데
훔치다니
한 마리만 가져가고
네 마리는 남겨두고
편지를 남겼다
대접이 부족했나 보다

재개발

육십여 년 살던 몸
재개발 신호가 왔다

지붕은
사철 서리로 덮여 있고
대들보가 한쪽으로 기울어져
두 기둥이 삐꺽거린다

창에는 하얀 먼지가 쌓여
밖이 잘 보이지 않고
겨울에도 우는 매미들이
귀에 집을 짓고 산다

단단하던 옥수수 알맹이도
틈이 벌어지고
혼탁해진 낙동강물
온천천도 줄어든다

가슴을 달리는 맥박과
따순 손은 아직이다

마음에는 반딧불이

어린 온산에서
반딧불이 따라
풀숲 어둠 지우며 다녔다

어른 온산 밤하늘에
반딧불이 보이지 않는다

높은 굴뚝이 만든 먹구름
별빛도 가리고
반딧불이도 쫓겨났다

창밖에 별빛이 떨어져
밖에 뛰어나가니
반딧불이 언제 돌아왔는지
꽃길을 걷고 있다

반딧불이는
이제 내 손을 잡아 줄까

열대야를 보내며

집이 열을 품었다
체온이 돌아가지 않는다

벚나무에 기댄 말매미들
큰소리로 열을 뿜어대고
소금기 먹은 검은 모기는
옷 위에 침을 놓는다

밤하늘에 무수히 가는 별들
회색 커튼 뒤 모습 감추고
초승달이 치맛바람 일으키면
환하게 웃는 푸른 눈동자

뜨락에 머리 숙인 나팔꽃
별이 보낸 악보가 도착하지 않아
기상나팔도 불지 못하고
애타게 마른 입술만 벙긋하고 있다

초저녁 마당이 열을 낸다
열 내려주는 약이 있을까

오륙도 등대

출항 하면서
오륙도에서 다시 만나자 했다
하얀 눈빛으로
흰고래 타고 등대섬 위에서
수평선 너머를 본다

바람이 허리를 휘감고
파도가 볼을 때려도
침묵하며 배를 기다린다
동공이 쓰리고
붉은 눈물이 흐른다

하얀빛 따라온 괭이갈매기
등대섬에 발자국을 찍는다
해무가 병풍을 치고
동해와 남해가 신방을 꾸릴 때
안개꽃이 등대불을 꺼준다

거미의 집

고시원 아침 정원
물안개 뒷동산 산책가고
다이아몬드 건물이 얼굴 내민다
밤새
타워크레인도 없이
이 건물을 누가 지었을까

매미 태풍도
강도 센 지진에도
쓰러지지 않는 건물이다
거미는 이곳에서
이슬과 노래하며 살아간다
강아지가 대빗자루를 들고 온다

태풍도 강진에도 견디던 건물
섬광처럼 사라진다
거미는 멍하니 쳐다본다
별이 빛나는 밤
별들이 볼 수 있는 거울로
더 웅장한 건물을 지어야지

길 끝에 앉아

동백나무 가지에 신호등이 걸려 있다
빨갛게 길을 막는다

지나온 발자국은 나목 아래에 앉아있고
달에게 말을 걸었지만 고요하다
한밤중 찾아온 손님은 바람뿐
충혈된 눈에 슬픔이 고인다

떨어진 동백꽃이 만든 꽃길
꽃향기 따라 걸어가니 옹달샘이 있고
샘터에 작은 집들이 모여 있다

산과 들 바쁘게 오가며
산수유 불 밝히는 길 위에 함께한 시간
늘 오가던 그 길을 다시 걷고 싶다

신호등도 없는 산길이
나를 찾는다

제 3 부

문을 닫고

계산대 앞에 앉아
밖을 지나는 바람을 본다

분주한 도시에 일몰이 오고
옷가게 지붕 위 멧비둘기 한 마리
서쪽 산을 눈에 담는다

양 볼 때리는 칼바람이 아프다
눈 감으면 내 가슴엔
창을 흔드는 풀벌레 울음소리뿐

이 밤, 길을 잃고 떠나는 바람 되어
홀로 네온 불빛에 몸을 적신다
식솔들 빈손이 눈에 아른거린다

푸른 별빛을 손에 받아
주머니에 넣고
길을 찾아 새벽을 간다

풍장

이승에 진 빚이 없소

친구 따라 동해 구경 갔다 잡혀 왔소

강원도 고성 덕장에서
배가 갈라져 등뼈 내보인 채

눈보라 속에서
나무 막대기에 걸려 피를 말린다
얼었다 녹았다 물고문으로
살이 누렇게 익었다

어느 집 제사에 불려가
방망이로 두들겨 맞고
몸이 찢겨지기도 한다

흙에 묻어다오
머리는 동해 향하게 하고
주문진 포구에
다시 가고 싶지 않소
바다에 남은 길이 없소

폭풍주의보

한반도에 검은 구름이 떠 있다
독수리 동쪽 하늘로 날아가고
개똥벌레는 한 끼 식사를 위해
분주하게 땅을 판다

조화가 벌을 유혹하고
거위는 낙태 수술을 당했다
안개가 눈을 가려
어디가 앞이고 어디가 뒤인지
보이지 않는다

들국화 핀 언덕
벌은 보이지 않고
곤충학자들만 모여 있다

비바람 지나가면
조화는 사라지고
들국화 핀 언덕에
벌이 날려는 모습 보고 싶다

주소 불명

회색 건물 모퉁이 일층 중식당
짜장면 냄새 따라
나팔꽃이 보이는 창가에 앉았다

주문 전화가 왔다

짜장면 다섯
짬뽕 셋
탕수육 하나
유산슬 하나
빼갈 세 병

주방에는 늙은 할멈과 손녀가
바쁘게 움직인다

홀엔 손님은 보이지 않고
오토바이만 서성거린다

여기요!
주문받으세요

〉
할멈은 힐끔 쳐다보며
손님 받지 않는다고 한다

주문 음식을 실은 오토바이는
굉음과 함께 사라진다

술잔 돌려가며
웃고 울던 원탁엔 먼지만 앉아있고
주방은 공장으로 탈바꿈했다

헬멧이 두털대며 돌아왔다
헛주문이었다고

월식

창밖에 달 그늘 내리는 한 밤 중
빈 항아리 배고파
입을 벌리고 있다
온기가 필요한 때
좁아진 입술
얇아진 가슴

바람이 떠났는지
하늘이 비어 있다
어두워진 지상을 보며
따뜻한 손을 기다려 본다

가끔 힘들어 숨고 싶을 때
거대한 그림자가 나를 덮는다
차가워진 너의 손을
따뜻하게 잡아 주고 싶다

텅 빈 유치원

낙엽은 낡은 유치원 지붕에 쌓이고
그림자는 전화선을 타고
교실 안으로 걸어온다

저물녘 앙상한 가로수가
문을 열고 들여다본다
가지 위에 까마귀 한 마리
먼 산을 보고 울고 있다

유리창에 서리는 입김에
까마귀는 가슴이 메이고
동백꽃 꽃망울에 안개가 눈물짓는다

그늘진 얼굴로 가로수 곁에서
별빛을 줍고 있는 까마귀에게
햇살로 만든 가방을 던져주고 싶다

식당 문을 닫다

설거지를 끝내고 문을 닫는다
삼대째 이어온 가게
겨울 안개 속을 조심스럽게 걸어온 아침
흔들리는 몸을 감싸 주던 별밤
물을 퍼 나르며 지새운 날들
이제 마른 몸으로 돌아설 시간

단골이 창 너머로 훔쳐보고 지나고
계산대에 앉은 늙은 고양이가
잘 가게 손을 흔든다
그늘진 문 안에서
누군가가 남은 계산을 한다

사방이 어두워지고
내가 장님이 된다
밖은 분간할 수 없다
더듬거려보지만 잡히지 않는 빛과
구르는 낙엽뿐
어두움을 잠재운 촛불은 없다

속 빈 대나무

웬만한 강풍에도
원폭에도
쓰러지지 않는 대나무

키는 칠 척
군살을 뺀 몸매
백 년을 산다

지네, 오각뿔 장수풍뎅이
큰 소쩍새
서로 물고 쫓을 때

다음 세대를 위한
뿌리들은
치열한 다툼이 소란스럽다

속 상한 대나무는
마디마다 빈방을 만들어
하늘과 땅을 잇는다

슈퍼마켓을 나서며

천년 묵은 느티나무
참새들 집이다

마파람 풀향기 속
하모니로 아침을 맞는다
솔숲과 느티나무 사이를 오가며
둘둘 삼삼 가족이 모여
볍씨를 까고 있다

언제부터인가
새벽을 깨우는 아침에도
햇살이 부서지는 한낮에도
저녁노을 어둠이 내린다
참새들 하나둘 둥지를 떠나고
늙은 참새들만 남아
서쪽 하늘 보고 있다

아, 까치둥지

천년 묵은 느티나무
까치들 집이다

지하철을 기다리며

서울역에서 1호선 타고 시청역에 내려
상왕십리 가기 위해 지하철을 기다린다
일에 지쳤는지 말이 없다
재잘거리던 참새들 고개 숙여 핸드폰에 빠지고
손흥민 축구 경기 보며
뜨거워지던 아저씨도 묵상에 잠긴다
핏기없는 지팡이 기침을 하자
놀란 아낙네들 자리를 비운다
지하철 묵언
말은 가시가 되고
가시는 어둠이 되어 떨어진다
나는 어둠이 없는 동굴을 지나
빛이 없는 동굴로 잠입해 간다

국밥 한 그릇

해운대 삼십일 번 버스 종점 앞
소고기 국밥집이 몰려 있다

어린 시절이 생각나는 가마솥
가마솥 틈 사이로 자욱한 안개
단골로 이용했던 곳이다

소고기국밥
소고기 따로국밥
선지국밥
세 가지 메뉴다

한 중년이 급하게 밖으로 나간다
주인장이 고함친다
중년이 노을 쪽으로 사라진다

한 달 세 번이나
밥값을 내지 않았다고 중얼댄다
갈매기 한 마리 날아와 밥값을 낸다

그도 한 때는

아내의 남편이고
아이들 아빠였다

밥값을 치르지 못하고
뒤돌아보지 않는 중년의 뒷모습이
해무처럼 꿈틀거린다

그늘막

팔월
하늘이 붉게 물들고
박쥐들이 저물녘을 비행한다

천둥 번개가 내리치고
바위 같은 우박이
정원 잔디밭에 떨어진다
우박에 맞아
머리 터진 개구리
연잎 그늘에 숨어든다

잠자리, 반딧불이
제각기 상처를 내보이며
우박 그치기를 기다린다

피어 있는 협죽도 꽃향기에 취한
뱀, 물장군, 붕어들이
연잎 주변을 맴돌고 있다

봄은 언제 오려나

젖은 바닥

얼어붙은 대지를 들어 올린 새싹
산새들로부터 박수를 받았다

모진 폭풍우 맞으며
지하에 큰 집을 지었다

왕사마귀
여치 베짱이
네발나비
늦반딧불이
모두 모여 축하를 한다

봄 오는 들녘
푸른 비단방석에 앉아
솔가지 위에 구름을 걸어두고
한 잔 술을 따른다

구름이 눈물 흘리는 날
젖은 바닥에 터오른 불꽃이 되어
쓸어 버릴까
숨죽인 채 붙어 있다

소외

비 내리는 가을
풀벌레 합창에 낙엽들 춤추고
포도주 향 커피 한 잔하며 신문 뒤적인다
광고란에 눈길 멈췄다

'할아버지를 찾습니다 후사금 삼십만원
 강아지를 찾습니다 후사금 오십만원'

가슴에 천둥 치고
머리는 빈방이 되었다
왜 나란히 기사를 실었을까
가족 잃은 아픔을 알고 있을까

단풍 구경 온 비는 멈추고
연인들은 우산으로 낙엽 받으며
황금빛 은행나무길 걸어간다
노을은 비단 오솔길을 만들어 준다
할아버지도 강아지도
노을길 따라 낙엽 밟는 소리를 들으며
가족 품으로 돌아오기를 기도한다

〉
얼룩진 낙엽을 찾습니다
후 사금 백만원

대나무 꽃

백로들 보금자리
대나무 숲
누런 꽃들이 피었다

백 년 동안
산들바람에 춤추고
새들 노래에 화답했다

이제 떠나야 할 시간
남아 있는 힘을 다해 꽃 피우고
열매를 남긴다

꽃 한 다발 가득 안고
하늘로 연결된 무지개 다리를 건너
목마르게 걸어간다

잃어버린 안경

편백 숲길 따라 바람이 오고
양쪽에 늘어선 의장대

행진곡에 취해 사열하다
옷깃을 잡아당긴 뿌리와 입맞춤 했다

숲속은 안개로 자욱하고
지근거리 얼굴도 희미하게 보인다

얼굴 보지 않고
앞만 보며 걸었다

풀 벌레 소리 크게 들리고
바람에 실려 온 향기는 코끝을 만진다

순간
새소리에 귀가 열리고
코가 단풍 들었다

거울을 보고 있다

얼음 거울 속에서
눈 굴리는 송어
하늘 구멍을 찾고 있다

반달곰은 회전의자에 앉아
구멍에 눈을 고정한 채
얼음 아래 움직임을 본다

수초가 흔들리는 정원
푸른 웃음소리 들리고
은빛 무지개 발길을 재촉한다

지렁이 밥이
줄 끝에 꿈틀거리고
지갑 연 송어들 입맛 다신다

그것은
어둠으로 가는 미끼다

별을 보다

별 하나가
자갈밭에 떨어졌다
모진 비바람과
진딧물 구애를 견디며
메밀밭을 이루었다

동쪽 벌과 서쪽 나비가
날개로 수화를 나누고
해 질 무렵
오로라와 함께
우주가 되었다

하루에도
수없이 탄생하는 애벌레
작은소참진드기가 되기도 하고
숲을 밝히는 반딧불이 되기도 한다

별 하나가 하늘로 오른다
세 개 별이
은하계 은하면이 되어
사계절 메밀꽃을 피우리라

아파트 바겐세일

삼십 퍼센트 할인
외벽에 붙어 손짓하는 붉은 얼굴

멈추지 않고 날리는 안개
출구가 막혔나 보다

바닥으로 떨어지는 이슬
어디에서 멈출까

원앙새 한 쌍이
금간 안경 너머로 보고 있다

추락하는 안개
바람 따라 사라졌다

풀잎에 앉은 이슬
햇살 속에 그대를 기다린다

삼백 퍼센트 할증
붉은 얼굴을 지우는 안개

CEO

스무 시간이 주어졌다

일벌이 꿀을 딴다
구절초와 양귀비 사이를 오가며
겨울 채비를 한다
갈라진 땅에서도
굳건한 집을 짓는다

하루는 스물여덟 시간으로 늘어난다

꽃밭으로 가는 자투리 시간에다
꽃이 춤추는 들판을 얹고
꽃이 무슨 생각을 하고 있는지
잎새에 기대어 엿듣는다
나는 쉬지 않는다
처진 어깨에 별을 달아주며
나는 강물이라고

은행나무 둘레길

시월 차가운 아침
새로 난 둘레길을 찾았다
설렘 반 두려움 반으로
은행나무 서 있는 길을 걷는다

길은 평탄하지 않다
바른길도 굽은 길도 있다
모래언덕 길도 젖은 길도 있다
때론 선택이 필요하다

내가 걷는 길은
어디로 이어질지
어느 곳에 머물지 알 수 없다

옹달샘을 찾아다니기보다는
내 곁에 있는 새들과
가끔 불어오는 소슬바람과 함께
오래 걸을 수 있었으면 좋겠다

발 앞에 도토리 하나 굴러와
가는 길을 멈추었다

도토리에 온기를 불어넣고
숲속으로 던졌다

이 숲에서 큰 나무로
다시 만났으면 좋겠다

노숙인

종착역 대합실
여윈 그림자가 어둠 속으로
느리게 걷는다

자정 가까운 시간
문을 닫은 뻐꾸기시계
희미하게 보이는 북항을 가르킨다

뼛속 깊이 부는 바람
의자와 의자 사이 자리다툼
가슴에 쌓인 슬픔을 파도가 닦아준다

빈 대합실 작은 창 틈으로
푸른 달빛이 들어와 내 자리를 비춘다
어둠아! 나 여기 있다

눈치 없는 집시

별빛이 밤을 얼리면
삭신 저린 나무는
청바지 벗어 던지고
붉은 옷으로 갈아입고
먼 길 떠날 채비를 한다

호랑나비와 춤추며
매미가 와서 별 헤던 가지에
밤새운 시간들을 옹이에 걸어두고
자리 이어갈 눈을 남기며
시린 발등을 덮는다

손으로 가지 움켜쥐고
서쪽으로 불려 갈 때를 기다리는 잎
바람길 따라 떠나는 집시 여인
별빛과 손잡고 걸으며
귀뚜라미 노래 듣고 싶지 않소

눈을 맞추다

사무실에 내려온 천사가
길고양이들에게 일용할 양식과
집을 주었다

치매 걸린 검은 고양이
사무실 잔디 블록 사이에 있는
모래를 파고 변을 본다

비바람이 넘보지 않는
구석진 자리에 화장실을 만들었다
누렁이는 숙녀답게 오가는데
검둥이는 야생을 즐긴다

검둥이와 숨바꼭질
무단침입 금지령을 내리고
잔디를 블록으로 교체했다

강제 이주를 위해
포획 틀을 설치해 성공했으나
천사가 풀어주었다

〉
건물도 잠자고 있는
밤 열두 시 이후 들어와
블록 위에 수채화를 그린다

쫓고 쫓기는 시간 속에
검둥이 눈높이로 바라보았다
큰 화장실을 만들었다
3년간 숨바꼭질은 끝이 났다

전기 나간 밤

네온 빛 목마른 건물
발자국 소리도 없이
어둠이 빛을 삼켰다

고양이 등을 밝히고
모퉁이를 돌아 길에 섰다

불빛 아래
움직이는 푸른 눈동자
네온이 버린 빛을 먹는다
어느 하늘에 가서 별이 될까

돌아오지 않는 빛이 그립다
눈먼 나뭇잎이 흰지팡이를 쥐어준다

나는 너의 햇살

빌딩 숲 사이 안개가 낀다
네 햇살이 되고 싶다
너는 뜨거운 가슴과
푸른 눈동자를 가지고 있다
쉽게 돌아서지 마
넌 안개가 아니다

점프 한번 해보지 않고
다들 뛰었다고들 해
푸른 숲속 길을 걸어봐
모두 고속도로 가고 싶어 해
나도 사막길을 걸어보았지

눈 덮인 숲속에서
너의 햇살이 되어 줄게
너도 알았으면 좋겠다
너와 함께
내가 걸어야 할 길은
안개 낀 빌딩 숲

나의 기업 사랑

민들레 홀씨 하나가
황무지에 떨어졌다
어둠 속에서
얼굴 내밀지 않는다

지구를 들어 올리고 싶지만
귀를 열고 체온 유지하며
봄을 기다린다

얼굴 내민 연두 잎
신선나비 날아와 춤추고
산들바람이 이슬방울 울린다

햇살 샤워 즐길 때
빈대 벼룩 소매 걷고 찾아온다
멧비둘기 날아와 부리로 쪼아낸다

솔씨 하나가
황무지에 숲을 이룰 때
새들 보금자리 만들기를 바라며
작은 등불 하나 건다

□ 해설

생명으로 가는 길

강영환(시인)

□ 해설

생명으로 가는 길

강영환(시인)

한우수 시인은 현재 경영컨설턴트다. 기업경영을 지도하는 치밀한 논리적 사고가 동반되는 일에 종사한다. 그러므로 시의 정감적인 사고와는 현격한 거리감이 있다. 한우수 시인이 시를 접하게 된 계기는 빈틈없는 사고 작용에서 잠시나마 휴식을 취할 공간으로 선택한 것이 시 낭송이었고 시 낭송을 배우다 보니 자신의 내부에서 분출해 오르는 자신의 정감적인 스토리를 표현해 보고 싶어 시 창작 교실의 문을 두드렸다고 고백했다.

그렇게 나와의 인연이 시작되었다. 그의 시 창작 수업은 유년기 문학 청년기를 앓았던 다른 분들과는 달리 인생 늘그막에 갑자기 타오른 불꽃은 벗어날 수 없는 굴레가 되어 내면 깊숙이 잠재돼 있던 의식을 일으켜 세우기에 충분했다.

나는 시 창작 교실에서 시집 백권 이상을 읽지 않고, 시 백편 이상을 쓰지 않고서는 시인으로 등단하지 말라고 강변한다. 그것은 시를 알아야 한다는 의미다. 간혹 시 창작을 지도하는 이들이 수강생을 확보하기 위한 방편으로 조기 등단을 내세우기도 하고 수강생은 등단이라는 달콤한 유혹에 쉽게 혹하는 경우가 많다. 그렇게 해서는 옳은 시인을 배출하기가 어렵다.

한우수 시인은 지도에 충실하였다. 삼년 이상 창작이론을 습득하면서 자신의 시 세계를 확장하고 깊이를 더하면서 습작 시를 백 편 이상을 달성하기에 이르렀고 그제 서야 등단의 문을 노크하여 시인 타이틀을 거머쥐게 된 것이다. 이런 끈질김이 시 정신을 형성하는데 크게 도움 된다는 것이다. 시 정신도 정립하지 않고 성급하게 등단 과정을 마친 사람의 작품 생명은 그렇게 길지가 못하다. 시인으로서의 생명력이 짧다는 의미기도 하고 시인으로서의 기본기가 되어있지 않다는 걸 증명해 준다.

시인은 언어를 다루는 장인이다. 장인은 자신이 종사하는 일에 전문성을 가지는 달인쯤 되어야 한다는 말이다. 시인의 전문성이란 시적 표현을 갖추는데 있어 언어 사용이 일반인의 그것을 뛰어넘는 언어 구사 능력을 갖춰야 한다는 말이다.

시인 타이틀은 자격증이 아니다. 누가 성적을 매겨 합격시키는 자격과는 거리가 멀다. 시 예술은 실체를 획정할 수 있는 범주를 가늠할 수 없는 삶의 어떤 경지를 갖기 때문이다. 그래서 시인에게는 많은 지적인 능력과 감성의 높은 경지를 요구한다. 시인은 인격적으로 완성체를 의미한다. 독자들을 감동시켜 시인이 시로 표출하는 의미에 닿게 하려면 완전한 인격체가 지향하는 더 높은 경지의 정신에 도달해 있어야 한다. 그래서 완벽한 유기체를 만들어내는 능력을 갖춰야 하는 사람이 시인의 자격이 된다.

내가 늘 주장하는 바가 있다. 그것은 시는 정답이 없다는 것이다. 운전면허 시험처럼 물음에 정답이 있는 물음의 해결책은 정답을 외워서 일정 자격에 도달할 수가 있지만 시는 그럴 수가 없다. 세상에 존재하는 숱한 사물들과 존재하지 않는 숱한 관념들과 사람과 사람 사이에 존재하는 숱한 관계들이 새로운 의미들로 만들어지고 소멸하고 있기에 시인은 그것들에 대한 느낌이나 생각을 독자들과 공유하고 싶은 것이다. 그것이 시다. 그렇기에 시에는 정답이 있을 수가 없다. 시인은 신기루를 쫓아가는 낙타처럼 혼자서 무너지는 모래언덕을 헤치고 가야한다.

2022년 《문학도시》라는 월간지를 통해 등단 과정을 거친 한우수 시인은 그가 걸어온 삶의 모습처럼 끈질긴 면모가 있다.

봄비와 동행하는 아침
물방울 장단에 맞춰 뒷산에 오르니
젖은 대지가 눈을 뜬다

고드름 지고 떠나는 봄비
고개 든 새순이 푸른 숨을 토하고
직박구리 한 쌍이 목욕한다

봄은 속삭이듯 다가오는데
내 가슴에 옹이는

연초록 옷을 입을 수 있을까

삭정이 하나씩 단풍나무에 걸어 두고
봄비 따라 걸어가면
새 옷을 입을 수 있겠지

―「봄옷」 전문

  한우수 시인에게 시는 봄옷과 같이 새로운 옷이다. 가슴에 맺혀 있는 옹이에게 새 옷을 입히고 싶은 화자는 곧 시인의 모습이기도 하다. 이런 간절함에서 비롯된 한우수 시인의 작품에는 많은 생물들이 등장한다. 아네모네, 기러기, 안개꽃, 꽃잔디, 벌, 나비, 달맞이꽃, 금목서, 산수유, 졸가시나무, 부전나비, 직박구리, 단풍나무, 향나무, 소나무, 바위꽃, 풀, 민들레, 쐐기풀, 카네이션, 참새, 호박꽃, 홍매화, 이팝나무, 제비꽃, 제비, 산새, 팔색조, 동백, 고라니, 인동덩굴, 노랑나비, 할미꽃, 키싱구라미, 잉꼬새, 개미, 딱정벌레, 갈매기, 메밀꽃, 목화솜, 별꽃, 배꽃, 벚꽃, 토끼, 매미, 장미, 고양이, 염낭게, 물푸레나무, 춤추는 해초, 백합조개, 강아지풀, 부엉이, 흰눈썹황금새, 층층나무, 은행나무, 억새, 풀꽃, 구절초, 떡갈나무, 머루, 돌고래, 물고기, 다람쥐, 휘파람새, 홍매화, 매화, 열목어, 능소화, 애기나리, 들꽃, 남천, 부엉이, 유채꽃, 코스모스, 대숲, 떼까마귀, 가창오리, 사슴, 함박꽃, 해송, 괭이갈매기, 도토리, 고추잠자리, 메뚜기, 싸리버섯, 재두루미, 황새, 부레옥잠, 마름, 미꾸라지, 우렁이, 영산홍, 버드나무, 강아지, 고양이, 부추, 가자미, 옥수수, 반딧불이, 말매미, 모기, 나팔꽃, 흰고래, 멧비둘기, 명태, 가로수, 까마귀, 늙은 고양이, 장수풍뎅이. 큰소쩍새, 묵은 느티나무, 까치, 반달곰, 지렁이, 송어, 원앙, 일벌, 양귀비, 길고양이, 거위, 들국화, 신선나비, 빈대, 벼룩 등이다. 어떤 생물은 두 번 세 번씩 여러 시편에 등장하는 경우도 있다. 시는 자연의 모방이라고 하지만 한우수 시인의 사고가 자연을 바탕으로 삼고 있는 리리시즘에 기반하고 있다는 걸 쉽게 짐작할 수 있다. 인간은 자연의 일부이고 자연과 더불어 살아가는 존재다. 시인이 어떤 생각으로 어떻게 생을 대하고 있는 지를 잘 말해 주는 것이리라.

작품에 등장하는 많은 동식물들은 시인이 추구하고자 하는 세계를 말해 준다. 그것들은 하나의 개체이며 생명들이다. 시인은 살아 있는 생명뿐만 아니라 무생물에도 타자 인식을 통해 생명력을 불어넣고 풍부한 공생의 세계를 펼쳐 보인다. 이 생명의 궁극점에는 시인의 어머니가 있다. 그래서 이 작품집은 어머니에 대한 헌사로 꾸며져 있다. 시인이 사물의 본질에 접근하기 위해서 표면적으로 드러난 형상 너머를 보려고 한다. 그것은 시인의 내면에 자리 잡고 있는 사물의 또 다른 모습이다. 누구나 다 아는 사물은 시인의 것이 아니라 누구나의 것이다. 사물의 새로운 모습을 찾음으로써 시인이 찾고자 하는 시인만의 사물의 본질에 접근할 수 있다는 것을 보여준다.

효심은 동양 윤리 규범에 있어서 가장 근원적인 바탕을 이루는 정신 영역이다. 이것을 실천하고 있는 한우수 시인의 어머니에 대한 공경은 모든 사물에까지 이어지고 있고 그것은 곧 생명 존중으로 연결 지어진다.

> 엄마는 내 유년에 무지개였다
> 된장 냄새 차에 싣고 온산으로 달려간다
> 창을 때리는 소낙비가 미간을 타고 내린다
>
> 구순 엄마는 세 살로 내게 오고
> 나는 엄마에게 가서 엄마가 된다
> 등에 업고 노치원에 보내고
> 동영상 보며 잘 노는지 확인한다
> 휠체어 타고 한쪽 구석에서
> 장단 맞추어 손뼉 치며 옹알거린다
>
> 고소한 참기름 냄새가
> 문틈으로 스며든다
> 첫 부추로 만든 밥상이 차려져 있다
> 엄마였던 엄마를 나는 안다
>
> ―「엄마 생각」 전문

시인은 현재 울주군 온산에 있는 고향집에 구순 노모를 모시고 있다. 남들이 쉽게 선택하는 요양원을 놔두고 고향집을 고집하는 이유는 순전히 노모가 지닌 정서를 지켜 드리기 위해서다. 부산과 온산 간의 짧지 않은 길을 오가면서 출퇴근

시 부인과 번갈아 노모에게 달려가서 보살피는 일을 날마다 반복하고 있다. 그것도 치매에 걸린 어머니여서 더 극진하게 보살펴 드리고 있다. 보통 사람이라면 그게 가능한 일인가. 경영컨설턴트는 이곳저곳을 방문하여 기업경영의 노하우를 전수해 주며 성공을 위한 조력자 역할을 완벽하게 수행해야 하는 바쁜 일과를 가진 직업이다. 위 시에서 비가 내리는 길을 어머니에게 줄 된장을 차에 싣고 달려간다. 치매에 걸린 구순 어머니는 세 살 아기로 다가오고 나는 엄마에게 엄마의 모습으로 다가가서 보살핀다. 어릴 때 나를 보살펴 준 엄마처럼. 노치원에도 보내고 그곳에서 잘 적응하고 있는지 동영상을 보면서 그곳에서 손뼉치며 즐거워하는 엄마의 모습과 어머니의 안전을 확인한다. 봄에 첫부추나물이 있는 밥상을 차려주던 엄마였던 엄마 모습을 기억하며 엄마의 밥상을 준비한다. 한 시인은 이런 모습을 내세우지 않고 숨긴다.

달빛은 장미길을 걷는다
담장 넘어 수군거리는 얼굴들
분홍장미 한 송이 머리에 꽂으니
별이 노래하고 반딧불이 춤춘다

고양이 아기 울음소리를 내니
산들바람이 달빛을 깔았다
손바닥에 눈물이 솟아나고
장미 향기에 취한 발이 길을 버렸다
구름은 달빛을 가리고

고양이 울음소리 멈춘다

   가시에 찔린 분홍장미 한 송이
   화병에 꽂고
   마실 물을 채운다

                              ―「분홍장미에 끌리다」 전문

 분홍장미는 꽃말이 사랑이다. 그것을 머리에 꽂으니 별이 노래하고 반딧불이가 춤춘다. 생명이 충만한 세상으로 바뀐다. 세상을 변화시키고 싶은 생각이 장미꽃이 되어 피었다. 장미 가시는 사랑 앞에서는 문제가 되지 않는다.
 한우수 시인의 사물 인식은 노모가 계시는 고향 온산에서 비롯된다. 자신의 유년기를 보내던 곳이고 현재도 어머니와 함께하는 공간을 소유한 곳이기도 하여 그의 사고는 유년과 고향이라는 또는 유년과 현재의 어머니를 바탕으로 이어진다. 고령화 사회에서 노인 복지 문제는 누구나 가지고 있다. 누구도 포기할 수 없는 공통의 문제다.

   이제, 가느다란 몸으로
   어두운 침대에 홀로 누워
   노을이 끌고 오는 밤을 기다린다

                                 ―「기다림」 부분

노을이 끌고 오는 밤을 기다리는 모습은 편안한 느낌을 준다. 하루 고된 일과를 마치고 돌아와 쉬는 어머니의 모습을 지켜보는 것만으로도 편안해진다. 아름다운 풍경이지만 어머니 몸은 많이 쇠약해진 모습이어서 안타까움을 벗을 수 없다. 노인이기에 젊은 모습으로 돌아올 수는 없다. 밤이 오면 숙면에 들 수 있겠끔 자연스럽게 보살피고 곁에서 지켜볼 따름이다.

이런 와중에도 한우수 시인은 창작 수업을 포기하지 않고 꾸준하게 시 수업을 통해 갈고닦은 솜씨는 자신의 세계를 남들에게 보여줄 수 있겠다는 확신을 갖게된 것으로 보인다. 어머니를 모시듯 세상의 모든 생명들에게 존중과 사랑을 베풀면서 어머니의 소중함을 깨닫는다.

　　연초록으로 짙게 물든 봄날
　　빌딩 숲을 빠져나와
　　땀방울이 백양산을 오른다
　　애기나리 잎이 환호하고
　　산들바람이 길을 연다

　　산 중턱 바위에 앉아
　　낙동강을 눈으로 마신다
　　자동차 경적 멀리하고
　　계곡물 흐르는 소리 들으며
　　산의 고요와 마주 앉는다

샛길이 보인다
숲속을 가슴으로 걸으며
바위틈에 땀방울을 심는다
머잖아 이곳에 들꽃 들이
환한 얼굴을 내밀겠지

눈을 감으니
맑은 기운이 깊은 곳에서
온몸을 천천히 감싼다
가슴 한구석에 남은 그늘
솟아오르는 빛에 사라진다

―「나를 돌아보다」 전문

 시적 화자는 생명을 바탕으로하는 긍정의 시선으로 대상과 만난다. 봄날은 모든 생명이 깨어나는 시간이다. 애기나리 잎이나 산들바람만이 깨어나는 것이 아니고 낙동강 계곡 물소리 산의 고요까지도 모두 깨어난다. 처음 보는 샛길로 내 땀방울을 심으면 그 땀방울에 수많은 들꽃들도 얼굴을 내밀 것이라고 생각하니 가슴 벅차 오른다. 눈을 감으니 내 가슴에 흐르는 맑은 기운이 몸을 감싸고 간직해 왔던 그늘이 솟아오르는 빛에 사라진다. 모든 생명체의 깨어남이 이와 같음을 확인한다. 대상이 어떤 것이든 그 안에 존재하는 생명이라는 것은 모두 존귀하고 아름답다. 한우수 시인은 모든 사물의 존재에 가 닿고 싶어하는 갈증이 넘쳐난다.

시가 보여주는 것은 시적 표현이라는 기술보다는 시가 담고 있는 정신적 의미의 깊이다. 시창작 수업을 통해 기술적 표현법은 어느 정도 습득할 수 있지만 의미의 깊이는 순전히 시인의 능력에 속한다. AI가 시를 써내는 것은 기술적인 면으로 언어를 조립하는 수준이 될 것이고 정신적인 의미의 깊이는 쉽게 도달하기 어려운 경지일 것이다. 시는 기술이 아니라 담고 있는 정신의 깊이다. 시인의 작품세계는 표현하는 기술을 드러내기보다는 담고 있는 혹은 담겨져 있는 시인의 정신의 깊이를 보여주는 것이다

얘야
밥 먹었니
네
먹었습니다

얘야
밥 먹었니
네
먹었습니다

돌아서서
다시 대답을 준비한다

얘야
밥 먹었니

네
먹었습니다

—「치매」 전문

  이 작품은 치매의 실상과 보이지 않는 의미의 깊이를 느낄 수 있게하는 작품이다. 슬픔을 노래하지 않지만 읽을수록 눈물이 난다. 매번 같은 말을 반복 하지만 어머니는 그것을 잊고 다시 같은 질문을 해온다. 치매의 모습을 이보다 더 간절하게 드러낸 작품이 어디에 있을까. 이 작품에는 수식이 없다. 그저 담담하게 현실을 직시할 뿐인 이 시에서 공감하지 않을 독자가 없으리라. 이 시에는 숨어 있는 이야기가 참으로 길다. 구도는 단순하다 치매에 걸린 어머니와 아들(혹은 딸, 며느리)이 나누는 단순한 대화로 이뤄져 있다. 어머니가 묻는다 '애야 밥 먹었니' 아들이 대답한다. '네 먹었습니다' 이 상황이 몇 번인가 반복된다. 그러나 다시 아들은 돌아서서 같은 질문에 같은 대답을 다시 준비 한다. 밥 먹는 행위는 생존을 위한 최소한의 인간 행위다. 그 일을 위해 인간은 일하고 움직인다. 어머니가 아들의 건강을 염려하는 말 '애야 밥 먹었니'는 두 가지 의미를 내포한다. 아들의 건강을 염려하는 평소 온전한 어머니의 정서이기도 한 반면에 온전하지 못해서 했던 말을 기억하지 못하고 밥 먹은 기억을 잊고서 자신이 밥을 먹지 않았음을 아들에게 일러 주는 의미를 담고 있기도 하다. 이 대화 속에는 아들을 걱정하는 어머니와 치매에 걸린 어머니와 그 어머니를 지극히 받들어 모시는 아들의 모습이 겹쳐 있다. 몇 번을 물어도 짜증 내지 않는 모습에서 어머니와 아들의 돈독한 모성애와 효심을 만날 수 있는 감동을 준다. 이런 격조 높은 작품은 쉽게 만날 수 없다. 이 한 편의 작품으로도 이 시집은 빛나고 있다.

현란한 표현 기술이 적용되지 않은 보이거나 펼쳐지는 상황 그대로의 모습으로 시가 빛날 수 있다. 비유나 은유, 허구 등의 시적 기교는 의미 전달을 위해 필요한 장식품일 뿐이라는 걸 보여주는 작품이다. 시가 만들어지는 조건인 허구가 담겨져 있지 않은 현실 모습을 가감없이 드러낸 언어 선택이다. 시의 이론이 적용되지 않은 순수한 모습, 이렇게도 시가 되는구나를 느끼는 작품이다.

피카소는 구순 넘어 자신의 작품에 대하여 어린애처럼 그리게 되기까지 구십년이 걸렸다고 말했다. 어린애처럼이란 말은 원형 그대로를 직시한다는 뜻이다. 어떤 가공도 하지 않고 원형질을 드러내는 것은 어린애의 감수성이 아니면 어렵고 작가나 시인은 어린애의 감수성이 드러내는 본질적인 순수를 보여준다는 의미일 것이다.

    민들레 홀씨 하나가
    황무지에 떨어졌다

    어둠 속에서
    얼굴 내밀지 않는다

    지구를 들어 올리고 싶지만

귀를 열고 체온 유지하며
봄을 기다린다

얼굴 내민 연두 잎
신선나비 날아와 춤추고
산들바람이 이슬방울 울린다

햇살 사워 즐길 때
빈대 벼룩 소매 걷고 찾아온다
멧비둘기 날아와 부리로 쪼아낸다

솔씨 하나가
황무지에 숲을 이룰 때
새들 보금자리 만들기를 바라며
작은 등불 하나 건다

―「나의 기업 사랑」 전문

이 시집의 3부는 기업 컨설팅 작업에서 얻은 의미들로 채워져 있다. 문 닫는 가게들이 늘어나고 있는 상황들을 직시한 작품으로는 「식당 문을 닫다」, 「주소 불명」 이를 극복하고자 하는 상징을 담은 작품으로 「속빈 대나무」, 「월식」, 「슈퍼마켓을 나서며」가 있고, 기업하기 어려운 시기를 잘 참아내고 새로운 봄을 기다려야 한다는 「그늘막」, 힘들게 사는 서민들의 모습을 담은 「국밥 한 그릇」, 「CEO」, 「아파트 바겐세일」, 「노숙인」 등의 작품이 해당된다. 아이들이 태어나지 않아 학생이 줄어든 유치원이 텅 비어가는 걸 안타까워하는 모습을 담은 시 「**텅 빈 유치원**」이 있다.

　소외된 노인의 쓸쓸한 모습을 담은 「**소외**」는 잃어버린 할아버지보다 강아지를 더 귀하게 여기는 풍조를 낙엽에게 더 귀한 의미를 부여하며 세태를 풍자한 작품이다. 현실을 꼬집고 비틀고 왜곡시키는 풍자를 통하여 답답한 심경을 토로한다. 이런 정신을 이끌어 내게 된 바탕에도 결국은 생명을 존중하는 정신이 깃들어 있다.

　　강물은 대답하지 않는다
　　붉은 비단옷을 입은 여인들
　　물푸레나무에 곱게 앉아 있다
　　발끝으로 다가오는 어스름
　　호루라기 소리 따라
　　바람에 뛰어 내렸다
　　미소 띤 물결에 몸을 맡기고
　　윤슬을 따라간다
　　숱한 사연을 간직한 다리
　　이끼가 쌓아 올린 강둑길
　　바람난 바람이 가슴에 안긴다
　　잊히지 않을 것 같은 이 순간
　　노을이 하늘을 삼킨다
　　힘들게 돌아온 시침을
　　둔치에 걸어 두고 눈을 감으니
　　가슴에 쌓이는 소리가 들린다

강물이 내게 속삭인다

―「강물 소리」 전문

　이 시는 물든 물푸레 나뭇잎이 물에 떨어져 강물 위를 떠가는 모습을 그린 작품이다. 나뭇잎을 인간으로 비유할 때 흘러가면서 만나고 겪어야 하는 희노애락을 은유하고 있는 것으로 보인다. 흐른다는 것, 길, 유랑 같은 의미가 산재하는 한우수 시인의 작품에는 생명이 숨 쉬는 소리가 들린다. 시인이 가고자 하는 길은 그 길 위에서 삶의 의미를 찾고자 함이며 생명이 가득한 지금 이곳의 모습을 보여주고 싶은 간절함으로 채워진다.

　한우수 시인의 작품 기저를 흐르는 이미지는 '강물'과 '어머니' 그리고 '안개'이다. 이 세 가지 이미지는 유사한 포에지를 내포하고 있다. 발원지에서 출발하여 숱한 곁가지를 흡수하며 유구히 흐르는 강물은 걸어온 고난과 환희로움을 겪으며 흘러가는 우리 삶의 모습을 닮았다. 어머니는 나의 삶을 만들어 낸 출발점이다. 강물의 발원지와도 같은 것이다. 어릴 때 어머니의 교육을 받고 성장하면서 어머니는 고향이 된다. 곧 나의 삶의 시작점이다. 이는 강물의 발원지와 같은 의미로 읽혀질 수 있다. 둘 다 생명을 잉태한다는 점에서도 유사하다. 안개는 물에서 나와 만물을 숨겨 주고 감춰 준다. 끊임없이 유랑하며 세상을 숨긴다. 이 포에지들에는 생명이라는 공통점이 있다.

푸른 물소리가 가슴에 흐른다(「네게로 가는 길」)
경계 없이 펼쳐진 하얀 종이/강줄기만 갈라 세운다(「백지 앞에서」)
계곡물 따라간 나뭇잎이 강에 도달한다(「그늘을 걷다」)
가슴에 쌓인 응어리도/강물에 띄워 보낸다(「버리며 산다」)
가슴에 흐르는 강물/바람은 아리랑 고개를 넘었다/햇살이 이마를 적신다(「내 안에 나」)
숨결 깃든 행간에/손끝에서 피어나는 수선화가 있고/가슴 적시는 강물이 흐른다(「책을 펼치고」)
강물이 어디로 나를 데려갈지/어떤 옷을 마련해야 할지/그것을 찾고 있다(「독거」)
새벽에 일어난 자만이/안개속을 들여다 본다(「해무에 기대」)

「마음에 반딧불이」는 고향 온산이 공장 굴뚝으로 덮여 어린 시절 풀숲 반딧불이를 뒤쫓던 시절을 앗아가고 만다. 고대하던 반딧불이는 만날 수 없지만 창밖에 쏟아지는 별빛이 반디불이를 대신해 주어 어린 내 손을 잡아 줄 수 있을지는 아직은 모른다는 고향 생각을 쏟아낸다.

계산대 앞에 앉아
밖을 지나는 바람을 본다

분주한 도시에 일몰이 오고
옷가게 지붕 위 멧비둘기 한 마리
서쪽 산을 눈에 담는다

양 볼 때리는 칼바람이 아프다
눈 감으면 내 가슴엔
창을 흔드는 풀벌레 울음소리뿐

이 밤, 길을 잃고 떠나는 바람 되어
홀로 네온 불빛에 몸을 적신다
식솔들 빈손이 눈에 아른거린다

푸른 별빛을 손에 받아
주머니에 넣고
길을 찾아 새벽을 간다

—「문을 닫고」 전문

  이 작품은 한우수 시인의 등단 작품이다. 시적 화자는 어느 판매점 계산대에 앉아있는 점주 쯤으로 여겨진다. 영업이 끝나가는 저물녘에 손님은 없고 멧비둘기가 찾아와 지붕 위에서 서쪽 산을 눈에 넣는다. 서쪽은 저물어 가는 공간이다. 어떤 상징을 담고 있다. 차가운 바람이 불어와서 양 볼을 때린다. 이는 불경기의 차가운 한파를 상징한다. 그리고 창을 흔드는 풀벌레 울음소리 뿐이란다. 왜 풀벌레 노래가 아니고 울음인가? 암울하기만 하다. 문을 닫고 길을 떠나도 길이 보이지 않는다. 그렇게 길 잃은 바람이 되어 네온 불빛에 몸을 적셔보지만 식솔들 빈손이 눈에 부시게 다가올 뿐이다. 그러나 아직 포기는 이르다. 나의 손에 식솔들 눈빛같은 푸른 별빛을 손에 받아 주머니에 넣고 새로운 길을 찾는 일이다. 길을 찾아 새벽을 가는 가장의 힘찬 발걸음이 있다. 결코 좌절하지 않는 이 땅 가장들의 억척스런 모습이 느껴지는 작품이다.

  한 우수 시인은 하는 일이 많다. 내가 아는 내용으로 본업 외에 취미로 하는 일이 일가를 이룬 것들로 시낭송과 한글화 작업이 있다. 한 번 손에 잡은 일은 끝을 보겠다는 프로 근성이 대단하여 시도 그의 손에 붙들린 벗어날 수 없는 포로가 된 것이다. 한글화는 캘리그래피와는 다른 한글 자모를 변형시켜 이미지를 만들어 단어가 가진 의미를 형상화내는 작업이라 보여진다. 어떤 의미를 이미지화한다는 모습에서 시가 지닌 표현과 일치한다. 한우수 시인의 시 작업도 이미지를 통한 작업들이 대부분이다. 어떤 서사를 담기보다는 이미지를 통하여 심상을 드러내고자 한다. 앞으로 얼마만큼의 깊이를 지니고 독자에게 다가설지는 누구도 알지 못한다. 한우수 시인이 자신의 시 세계에서 일가를 이루고 성취하기 위해서는 선택과 집중이 요구된다. 물론 생업을 포기하라는 말은 아니다. 무엇이 그의 생에 핵심적이고 중요한 세계인가를 판단해 스스로 자기 세계를 깊이있게 그려나가기를 바라는 것이다. 자신만의 개성있는 세상 읽기 그것이 곧 시적 성취다. 길을 찾아 새벽을 나서는 발걸음이 부디 아름다운 길로 멀리 갈 수 있기를 기대하며 첫시집 상재를 축하 드린다.